« À Bruno, mon frère à qui je dois tout. »

Bruno (1920-2004) et Albert Uderzo en 1942

Bruno Uderzo était le frère aîné d'Albert. Ils avaient 7 ans d'écart. C'est lui qui, reconnaissant le talent naissant de son jeune frère, l'amena pour la première fois chez un éditeur parisien. C'était pendant l'été 1940, Albert avait 13 ans.
Respect, fraternité et complicité réunissaient les deux frères.

GOSCINNY ET UDERZO
PRÉSENTENT
UNE AVENTURE D'ASTÉRIX

LE CIEL LUI TOMBE SUR LA TÊTE

Texte et dessins d'**Albert UDERZO**

Encrage : Frédéric Mébarki
Lettrage : Michel Janvier
Mise en couleur : Thierry Mébarki
Coordination : Studio 56

LES ÉDITIONS ALBERT RENÉ
26, AVENUE VICTOR HUGO 75116 PARIS.
www.asterix.com

NOUS SOMMES EN 50 AVANT JÉSUS-CHRIST. TOUTE LA GAULE EST OCCUPÉE PAR LES ROMAINS... TOUTE ? NON ! UN VILLAGE PEUPLÉ D'IRRÉDUCTIBLES GAULOIS RÉSISTE ENCORE ET TOUJOURS À L'ENVAHISSEUR. ET LA VIE N'EST PAS FACILE POUR LES GARNISONS DE LÉGIONNAIRES ROMAINS DES CAMPS RETRANCHÉS DE BABAORUM, AQUARIUM, LAUDANUM ET PETIBONUM...

ASTÉRIX, LE HÉROS DE CES AVENTURES. PETIT GUERRIER À L'ESPRIT MALIN, À L'INTELLIGENCE VIVE, TOUTES LES MISSIONS PÉRILLEUSES LUI SONT CONFIÉES SANS HÉSITATION. ASTÉRIX TIRE SA FORCE SURHUMAINE DE LA POTION MAGIQUE DU DRUIDE PANORAMIX...

OBÉLIX EST L'INSÉPARABLE AMI D'ASTÉRIX. LIVREUR DE MENHIRS DE SON ÉTAT, GRAND AMATEUR DE SANGLIERS ET DE BELLES BAGARRES. OBÉLIX EST PRÊT À TOUT ABANDONNER POUR SUIVRE ASTÉRIX DANS UNE NOUVELLE AVENTURE. IL EST ACCOMPAGNÉ PAR IDÉFIX, LE SEUL CHIEN ÉCOLOGISTE CONNU, QUI HURLE DE DÉSESPOIR QUAND ON ABAT UN ARBRE.

PANORAMIX, LE DRUIDE VÉNÉRABLE DU VILLAGE, CUEILLE LE GUI ET PRÉPARE DES POTIONS MAGIQUES. SA PLUS GRANDE RÉUSSITE EST LA POTION QUI DONNE UNE FORCE SURHUMAINE AU CONSOMMATEUR. MAIS PANORAMIX A D'AUTRES RECETTES EN RÉSERVE...

ASSURANCETOURIX, C'EST LE BARDE. LES OPINIONS SUR SON TALENT SONT PARTAGÉES : LUI, IL TROUVE QU'IL EST GÉNIAL, TOUS LES AUTRES PENSENT QU'IL EST INNOMMABLE. MAIS QUAND IL NE DIT RIEN, C'EST UN GAI COMPAGNON, FORT APPRÉCIÉ...

ABRARACOURCIX, ENFIN, EST LE CHEF DE LA TRIBU. MAJESTUEUX, COURAGEUX, OMBRAGEUX, LE VIEUX GUERRIER EST RESPECTÉ PAR SES HOMMES, CRAINT PAR SES ENNEMIS. ABRARACOURCIX NE CRAINT QU'UNE CHOSE : C'EST QUE LE CIEL LUI TOMBE SUR LA TÊTE, MAIS COMME IL LE DIT LUI-MÊME : "C'EST PAS DEMAIN LA VEILLE !"

4

5

6

BRAVO, ASTÉRIX! JE VOIS QUE, TOI AU MOINS, TU AS GARDÉ TOUT TON BON SENS!...

OUI MAIS...

...NOUS COMPTONS SUR TOI, Ô NOTRE DRUIDE, POUR TROUVER UNE FORMULE MAGIQUE QUI DÉLIVRERA NOS AMIS DU MAL QUI LES FRAPPE!!!

COMME LES SANGLIERS, D'AILLEURS!

?!!

IGNORANT LES CAUSES DU PHÉNOMÈNE QUI S'ABAT SUR NOTRE VILLAGE...

...JE NE VOIS PAS COMMENT JE POURRAIS Y TROUVER REMÈDE, ASTÉRIX!

BAH! NOUS SAVONS DÉJÀ QUE LA POTION NOUS EN IMMUNISE!

TU CROIS QU'ON POURRAIT EN DONNER AUX SANGLIERS, AST...

OBÉLIX! TU COMMENCES SÉRIEUSEMENT À M'AGACER AVEC TES SANGLIERS! JE T'AI DÉJÀ DIT QU'IL Y A DES PRIORITÉS PLUS IMPORTANTES QUE CELLES DES SANGLIERS!!!

ALORS C'EST SIMPLE! BIENTÔT JE NE SERAI PLUS QUE L'OMBRE DE MOI-MÊME!...

GRRR OUAH! OUAH!

?!?

- UDERZO -

8

9

11

12

13

14

17

19

20

21

23

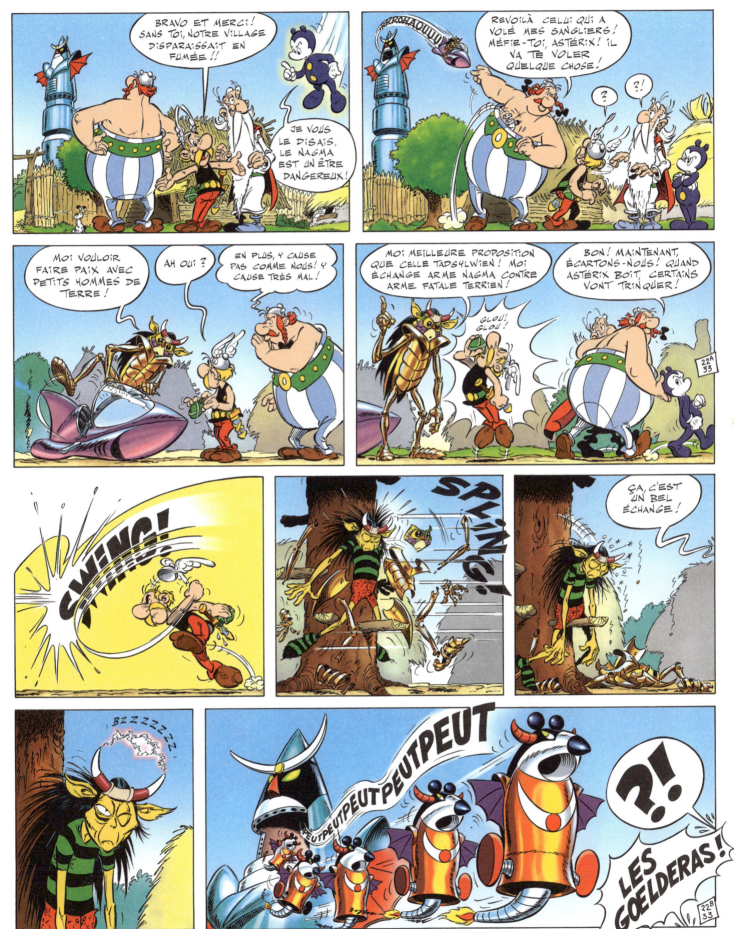

25

31

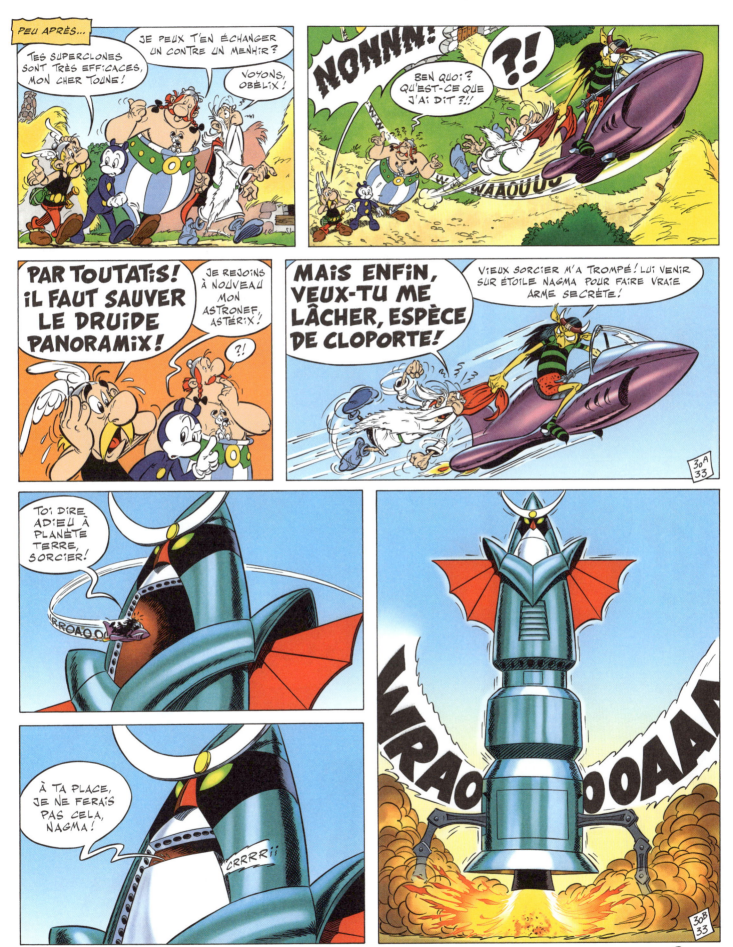

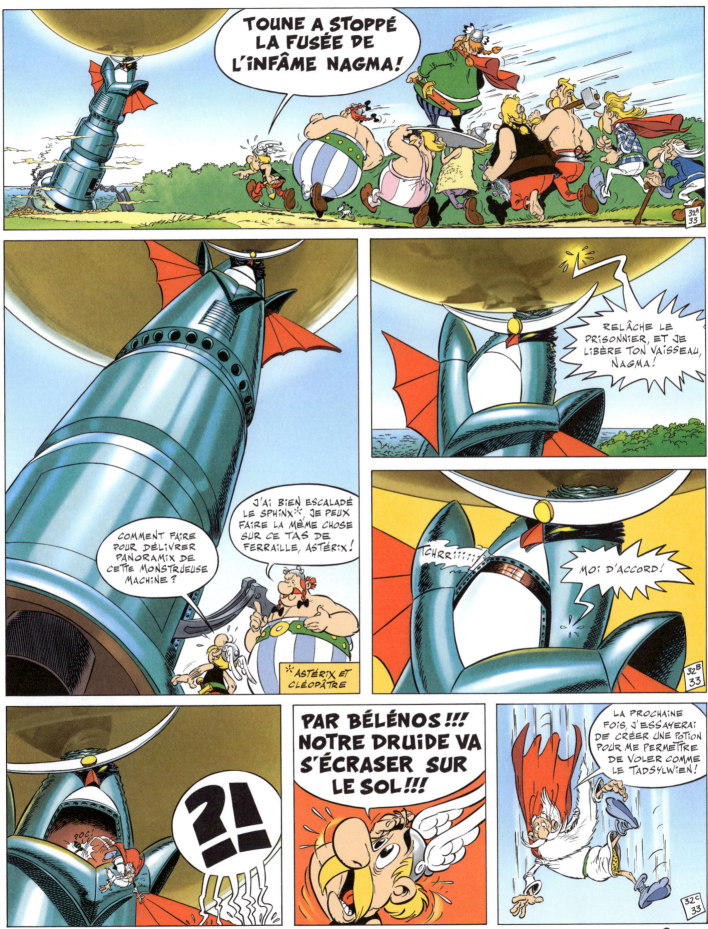

39

40

42

43

44

46

« *Avec cet album, je voudrais rendre hommage au grand Tadsylwien ... pardon, au grand Walt Disney qui, de fameux et prodigieux druide qu'il était, nous a permis, certains confrères et moi, de tomber dans la marmite d'une potion dont il détenait seul le grand secret* ».

Albert Uderzo

© 2005 LES ÉDITIONS ALBERT RENÉ / GOSCINNY-UDERZO

Dépôt initial : octobre 2005

Impression en août 2005 - n° 170-4-01

ISBN **2-86497-170-4**

Impression : Imprimerie Lesaffre et Casterman printing en Belgique Reliure : Euroliure en Belgique

Loi n° 49956 du 16 juillet 1949 sur les publications destinées à la jeunesse

AVEZ-VOUS TOUT LU ?

LES ALBUMS D'ASTÉRIX LE GAULOIS

DES MÊMES AUTEURS AUX ÉDITIONS ALBERT RENÉ

LES AVENTURES D'OUMPAH-PAH LE PEAU-ROUGE

LES AVENTURES DE JEHAN PISTOLET